160 phrases pour s'amuser à bien

R-TI-CU-LER

Laurent Gaulet

+ de 160 nouvelles phrases pour s'amuser à bien

AR-TI-CU-LER

Coco le croco

FIRST
& Editions

Cet ouvrage a été proposé par e-Novamedia

ISBN 978-2-7540-1538-7
Dépôt légal : 2ᵉ trimestre 2010
Imprimé en France
Maquette : Olivier Frenot
Dessin de couverture : Kum Kum Noodles / costume 3 pièces

Éditions First
60 rue Mazarine
75006 Paris – France
Tél. : 01 45 49 60 00
Fax : 01 45 49 60 01
E-mail : firstinfo@efirst.com
www.editionsfirst.fr

Remerciements

L'auteur remercie la classe des CE2-CM1
de Préchacq-Josbaig. Les élèves ont imaginé
les phrases des pages 50, 57, 85, 91 !

[ACTE] [TRACTE]

À l'entracte,
un tracteur
tracte un
acteur très
traqueur.

(répéter dix fois)

[AHA] [AMA] [ARA] [OBA] [OMA]

La baraque
aux Bahamas
et Barack
Obama à
Omaha Beach.

(répéter dix fois)

[AL] [AU] [LOR] [O] [OR]
[RAL] [RARE]

À l'oral, Aurore râle : « À l'aurore, l'or est rare ! »

(répéter dix fois)

[ALC] [LAC]

Le laquais plaque
quelques calques
et décalque
quelques plaques
laquées.

(répéter dix fois)

[A-MÉ-RI-CA-NI-SÉ]

Comment l'Américain se désaméricaniserait-il? Et si l'Américain se désaméricanisait, comment le réaméricaniserions-nous?

(réciter le plus vite possible)

[AN] [ON] [MOR] [NOR]

Au nord,
l'énorme
et morne
mormon mord
et ment.

(répéter dix fois)

[ARC] [AR] [ARSE] [ARXE]
[CAR]

Ça se remarque
car Max et Karl
Marx marchent
sur Mars.

(répéter dix fois)

[ARTE] [ATRE]

Dans l'âtre, quatre cartes crament.

(répéter dix fois)

[AVAL] [LAV]

La machine à
avaler a avalé la
machine à laver,
la machine à laver
a lavé la machine
à avaler.

(retenir et répéter)

[AX] [IX] [OS]

Le molosse Max mixe l'os et le malaxe.

(répéter dix fois)

[BE] [BLE]

Jambon bleu
pas bon,
jambon blanc
bon, j'en veux!
J'ai bon?

(répéter dix fois)

[BE] [BLE] [PE]

Pain blond sur banc bleu sur pont blanc.

(répéter dix fois)

[BI] [LI] [DI]

La lubie de
Lydie : Lydie
dit « Lady Dy
enlaidit en
Libye » mais
Lady Dy l'a dit de
Lydie aussi.

(retenir et répéter)

[BLAN] [BLON] [LAN] [LON]

Le blond blanc long, le blanc blond lent.

(répéter dix fois)

[BON] [MON] [PON]

Mon bon Dupond, mon pompon pend du pont.

(répéter dix fois)

[BOR] [DOR] [OR] [POR]

Dehors, hors du bord du port, un hors-bord d'or dort d'ores et déjà. Or, qu'un hors-bord d'or dort dehors encore à l'aurore hors du bord du port, c'est rare! Alors qu'un hors-bord dehors, c'est moins rare...

(retenir et répéter)

[CÉ] [DÉ] [LÉ] [SÉ]

Cède-les, laisse-les
déceler les scellés...
Laissez-les aller,
laisse-les saler, se
laisser aller s'ils le
souhaitent.

(retenir et répéter)

Ciel! Ce cierge à Serge sert-il? Me sers-je de son cierge?

(répéter dix fois)

[CHA] [CHAR] [ARCHE]

Le charme de Macha marche.

(répéter dix fois)

[CHAR]

Charles recherche le char de Chartres à Charleroi.

(répéter dix fois le plus vite possible)

[CHA] [SA] [TA]

Sacha s'attacha
à Natacha mais
Natacha ne
s'attacha pas
à Sacha.

(retenir et répéter)

[CHE] [JE] [SE]

Massage sans chaussettes au Massachusetts.

(répéter dix fois)

[CHE] [JE] [SE]

Où suis-je ?
Où sont mes
chais ? Suis-je
éméché ?

(répéter dix fois le plus vite possible)

[CHE] [JE] [SE]

Ces branchages se dessèchent, ces branches sèchent.

(répéter dix fois)

[CHE] [JE] [SE]

Sanchez ! Sans chaise, je chancelle !

(répéter dix fois)

[CHE] [JE] [SE]

Ce cher Serge se laisse choir. Ce soir, je suis chez Serge et j'essuie son séchoir.

(retenir et répéter)

[CHE] [JE] [SE]

Je sèche... Suis-je sot sans antisèche?

(répéter dix fois)

[CHE] [JE] [SE]

Charles,
son char
charge et
son charme
marche.

(répéter dix fois)

[CHE] [JE] [SE]

Je sais songer. Songe à Jean, Jean s'est changé.

(répéter dix fois)

[CHE] [JE] [SE]

Le singe lèche le sèche-linge, laisse-le.

(répéter dix fois)

[CHE] [JE] [SE]

Juché sur son chai, Jean se changeait.

(répéter dix fois)

[CHE] [JE] [SE]

Chaque singe
chasse son signe
de chance : chaque
singe a sa chance.

(retenir et répéter)

[CHE] [JE] [SE] [VE]

Ce chat chauve
sans charlotte
va chez
Georges, c'est
vache!

(répéter dix fois)

[CHE] [JE] [SE] [VE]

Je veux
ces cheveux
éméchés et
ces mèches
séchées.

(répéter dix fois)

[CHE] [JE] [VE]

Quelle
vacherie !
Cette chère
vache rêche
et vengeresse
crache !

(répéter dix fois)

[CHE] [SE]

Sans sa niche, son chien chante.

(répéter dix fois le plus vite possible)

[CHE] [SE]

Sans chaussettes, Sancho au sang chaud sèche.

(répéter dix fois)

[CHE] [SE]

Si ces sushis sont sans chichi, c'est chiche !

(répéter dix fois)

[CHE] [SE]

Sacha s'acharne, ses achats sont chers.

(répéter dix fois)

[CHE] [SE]

Son chant et sa chanson sont sa chance.

(répéter dix fois)

[CHE] [SE]

Ce chien chasse ce chiot sot.

(répéter dix fois le plus vite possible)

Oh, je sais... le chat aux yeux chassieux charme et s'acharne à chasser.

(répéter dix fois)

[CHE] [SE]

Que ça se sache : la sécheresse chasse ces échassiers !

(répéter dix fois)

Sacha, sachez cesser ces chichis sur-le-champ !

(répéter dix fois)

[CHE] [SE]

Ce chou chausse ses chaussettes chaudes.

(répéter dix fois le plus vite possible)

[CHE] [SE]

La chanson de Sancho au sang chaud.

(répéter dix fois le plus vite possible)

[CHE] [SE]

Ce chien sécha assis sur ce châssis.

(répéter dix fois)

[CHE] [SE]

Si Sacha
perd son
chat persan
chinchilla, ça
va jaser.

(répéter dix fois le plus vite possible)

Un chasseur
sachant chasser
sur ces échasses
sait chasser ces
échassiers.

(répéter dix fois)

[CHE] [SE]

Ces six chauds chocolats-ci sont-ils aussi chauds quand ces six chocolats-là font leur show?

(retenir et répéter)

[CHE] [SE]

Chien chinois, chat siamois.

(répéter dix fois le plus vite possible)

[CHE] [SE]

Ce saucisson sec sèche sur cette souche.

(répéter dix fois le plus vite possible)

[CHE] [SE]

Sachez chasser sans chaussons.

(répéter dix fois)

[CHE] [SE]

J'ai les yeux
chassieux
et le sang
chaud.

(répéter dix fois)

Ce chef cherche sa chemise.

(répéter dix fois)

C'est sans souci: ce soir ces sushis sont chez Sacha.

(répéter dix fois)

[CHE] [SE] [SEL] [ZE] [ZEL]

Sans zèle, sans ailes, sans sel et sans elle, sa chance chancelle.

(retenir et répéter)

[CHER] [PA]

Cherche pas
sa chère
sherpa pas
chère.

(répéter dix fois)

[CHE] [CHTE] [TCHE]

Mieux vaut un petit chèque tchèque qu'un petit Ch'ti tchèque.

(répéter dix fois)

[CHE] [DÉ] [SE]

Tu cherches des déchets de sachets desséchés? Des déchets de sachets se dessèchent chez Dédé.

(réciter le plus vite possible)

[CHE] [SE] [ZE]

Suzy a ses soucis: ses sushis sont secs et scier ses saucissons!

(répéter dix fois)

[CHE] [VE]

Challenge: Chats
chevauchent
vaches, vaches
lèchent chats
et chevaux
cherchent chats.

(répéter dix fois)

[CHTI] [CHIP]

Les Ch'tis chipent des chips.

(répéter dix fois)

Chut! Ces six petits Ch'tis chantent en ch'timi.

(répéter dix fois)

[CHTE] [TCHE]

Atchoum est-il ch'ti?

(répéter dix fois le plus vite possible)

[CIR] [CISE] [CISSE] [SCRIPE]

Pour les circoncisions, inscriptions à la circonscription 6.

(répéter dix fois)

[CLE] [CLEC] [KEC] [QUE]

Quand les
cloques
éclatent, les
coquets coqs
claquent.

(répéter dix fois)

[CLE] [CLEC] [KE] [KET]
[LEC] [TE] [TEC]

Tant que tes
tanks hoquettent,
tous tes tanks
laqués que tu
as clos à clef,
cloquent.

(répéter dix fois)

[CLE] [KE] [TE]

Toute ta clique
qui pique
tes biques
et quitte ton
cloaque était
toc.

(réciter le plus vite possible)

[CRE] [KE] [TRE]

Trop ric-rac, Coco le croco troque triques contre matraques.

(répéter dix fois le plus vite possible)

[CRE] [CREC] [TRE] [TREC]

Quand ton truc croît, trois trucs craquent.

(répéter dix fois)

[CRE] [EC] [KE]

Dans quelle crypte quelques crocus secs croissent-ils?

(répéter dix fois le plus vite possible)

[CRE] [GRE] [KE] [KEC]

Crêtes de coqs grecs, crêpes de Crète, kakis croates et cake du Kazakhstan.

(retenir et répéter)

[CRE] [GRE] [KE] [KEC]

Cake aux crêtes de coqs grecs.

(répéter dix fois)

[CRE] [GRE] [TRE]

Trois très grands crus dans trois grandes cruches creuses.

(répéter dix fois)

[CRE] [KE]

Dans la crique,
quelques cricris
craquettent,
quelques
claquettes
crépitent.

(répéter dix fois)

[CRE] [KE]

Quand Kiki
la cocotte
croque quelques
croquettes, elles
craquettent.

(réciter le plus vite possible)

[CRE] [KE]

Crabes crus croquent, criquets crus craquent.

(répéter dix fois)

[CRE] [KE]

Dans la crique,
Kiki la cocotte
décrypte le
croquis que
critique Coco le
croco.

(réciter le plus vite possible)

[CRE] [KE]

Coco le croco croque la queue de Kiki le criquet.

(répéter dix fois le plus vite possible)

[CRE] [KE]

Coco le croco raconte des craques que quatre criquets croient.

(réciter le plus vite possible)

[CRE] [KE]

Que quatre
criquets crient
et qu'un
criquet quête,
qui l'eût cru?

(répéter dix fois)

[CRE] [KE]

Le croco croque, le criquet cru craque.

(répéter dix fois le plus vite possible)

[CRE] [KE] [TRE]

Qu'un criquet
trop étriqué croie
qu'un coq traque
le croco, quel
quiproquo !

(réciter le plus vite possible)

[CRE] [KE]

Dans la crypte, Coco le croco crie: crois-tu qu'un criquet cru croque?

(réciter le plus vite possible)

[CRE] [KE] [TRE]

Quatre crevettes crève-cœur crèvent la faim.

(répéter dix fois le plus vite possible)

[CRETE] [SCRETE] [SGRETE]

Le scout scrute ses croûtes et s'gratte.

(répéter dix fois)

[DA] [DE] [DI] [DO] [DU]

Dis donc doudou! Dédé dit dîner de dix doux dindons dont des dodus et dandiner!

(réciter le plus vite possible)

[DA] [DE] [DI] [DO] [DU]

Au dîner
de Dinan,
des dandys
dînent en
dandinant.

(répéter dix fois)

[DE] [KE] [PE]

Décape des coupes, découpe des capes, décapite des Képis de capitaine.

(retenir et répéter)

[DI] [NI] [NAN] [NON]

Ninon dit
« dînons
à Dinan,
dis non à
Andy ».

(répéter dix fois)

[DI] [TIDIGI]

Les dix doigts
prestigieux
des dix
prestidigitateurs.

(répéter dix fois le plus vite possible)

[DO] [DOU] [DU]

Au dodo,
dodu
doudou
dort.

(répéter dix fois)

[DON] [DONE] [DUNE]

La dondon
donne /
Dons d'une
dondon.

(répéter dix fois)

[EC] [KEC] [PETE] [TEC]

Le toqué
Pete pète et
hoquette dans
la coque du
cockpit.

(répéter dix fois)

[EF] [FE] [FEBLE] [FEL]

La folle fable d'une femme affable.

(répéter dix fois)

[ESCOTE] [ESTEC]

Cette mystique mascotte, Miss Biscotte, m'asticote.

(répéter dix fois le plus vite possible)

[ESE] [ESSE]

C'est le buzz : le boss obèse s'abaisse à biaiser, la base bisse !

(répéter dix fois le plus vite possible)

[ESE] [ESSE] [SEPT] [EXT]

Il s'est assis,
casse ces
sept tasses
et s'extasie.

(répéter dix fois)

[EZE] [ESSE]

Treize et treize tresses font seize tresses.

(répéter dix fois le plus vite possible)

[EZE] [ESSE] [SE] [TRE]

Treize tresses stressent, treize tresses très stressantes !

(répéter dix fois)

[ESQUE] [ESSE] [KE] [KESSE]

Qu'est-ce qu'il se passe? Est-ce que ce casque casse? Ce casque casse-t-il?

(retenir et répéter)

Faible et fiable / Fiable et faible.

(répéter dix fois)

[FER] [FRE]

Frites frites firent fuir fruits frais.

(répéter dix fois)

[GAGUE] [TAGUE]

Quel gag,
le coup de
gong du gang
en tongs qui
tague !

(répéter dix fois)

[GAME] [GNOME]

Agamemnon, gomme ton gnome !

(répéter dix fois)

[GNOME] [OBE] [OGME]

Gobe le dogme du gnome.

(répéter dix fois)

[IBILI]

Ces lignes sont
d'une illisibilité et
d'une inintelligibilité
indescriptible nuisant
à la compréhensibilité
du texte!

(réciter le plus vite possible)

Son accessibilité et son incorruptibilité font son indestructibilité.

(répéter dix fois)

[IBILI]

S'il dit « inéligibilité », c'est qu'il est inéligible...

(répéter dix fois)

[ICHE] [ISSE]

Hisse six niches ici, sur sa péniche lisse.

(répéter dix fois le plus vite possible)

[IGNE] [INE]

Maligne,
Aline
aligne les
lignes.

(répéter dix fois)

[IN] [SI] [VIN] [VI]

Invisibilité
de Vincent,
invincibilité
de Sylvain,
incivilités de
Sylvie.

(retenir et répéter)

Si je dis « dix juristes jésuites jurent », je sue.

(répéter dix fois le plus vite possible)

[JE] [SE]

Si Serge serre, sers-je Serge si je serre?

(répéter dix fois)

[KA] [KO]

Le cas de Coco le coq cuit au Coca et au cacao est cocasse !

(répéter dix fois le plus vite possible)

Quoi! Depuis quand Coco le coq est-il coté au CAC 40?

(répéter dix fois le plus vite possible)

[KE]

Quelques cocottes quêtent quelques becquées de cake au Coca.

(répéter dix fois le plus vite possible)

Quand cocotte coquette quête au quai, coq coquet hoquette. OK?

(réciter le plus vite possible)

[KE] [OK] [PE]

L'okapi
occupé à
couper des
kakis capitule.

(répéter dix fois le plus vite possible)

[KE] [TE] [TEC]

Tu tiques parce que ton éthique est caduque, que ta tactique est toc et que ton eunuque te quitte.

(répéter dix fois)

[KE] [TE] [TEC]

Cela implique que tu étiquettes tous tes tickets et que tu équeutes tous tes kakis.

(répéter dix fois)

Épique : Tic
attaque Tac,
Tac pique Tic
et du tact
au tac Tic
étiquette Tac.

(répéter dix fois)

Cocorico !
Lit de
coquelicots,
coq au lit !

(répéter dix fois)

[LE] [RE]

Le rallye où l'heureux Roland et Laurent roulent.

(répéter dix fois le plus vite possible)

Laure relie Laura, Laura relaie Laurie, Laurie rallie Laure à l'heure.

(retenir et répéter)

[MECHE]

La mouche
moche mâche
et amoche la
miche.

(répéter dix fois)

Rémy, mémé, mirez mes mirifiques mûres moirées !

(répéter dix fois)

[MI] [PI] [SI]

Si! Six Miss Mississippi s'immiscent ici, épicent six pies et pis c'est tout!

(réciter le plus vite possible)

[MUL] [MIL] [SIL] [SI]

S'il simule
dissimuler six
mille mulets,
c'est un simili de
dissimulation de
six mille mulets.

(réciter le plus vite possible)

[NEUF] [PNEU]

Un pneu
neuf ou
neuf pneus
neufs?

(répéter dix fois)

[NI] [UNI] [VER]

Nous ne sommes:
Ni unis vers l'univers
vert, ni envers l'univers
vert.
Ni vers l'univers unis, ni
envers l'univers vert.
Ni vers l'univers vert, ni
envers l'univers unis.

(retenir et répéter)

[OI] [OUI]

« L'ouïe de l'oie de Louis a ouï.
— Ah oui? Et qu'a ouï l'ouïe de l'oie
de Louis?
— Elle a ouï ce que toute oie oit.
— Et qu'oit toute oie?
— Toute oie oit, quand mon chien
aboie le soir au fond des bois, toute
oie oit « ouah ouah », qu'elle oit,
l'oie. »

Extrait de « Ouï-dire » de Raymond Devos

(retenir et répéter)

La bonne nonne me donne une bonne bonbonne !

(répéter dix fois le plus vite possible)

[ONE] [ONDE] [OME]
[OMBE]

Les bonnes pommes rondes tombent.

(retenir et répéter)

[OUCHE] [OUSSE]

La mouche
se mouche
sur sa
mousse au
chocolat.

(répéter dix fois le plus vite possible)

[PE] [PO] [RON] [RAN] [TI]

Petits potimarrons et petits pots marrants de petits marrons.

(répéter dix fois)

[RA] [ROU]

Brouhaha/
Roue à
bras/
Trou à rat

(répéter dix fois)

[RE] [ERE]

À Brême,
Herbert
brame, Albert
traîne et
Hubert rame.

(répéter dix fois)

[SEPT] [SEX] [EXE]

Ça m'exaspère, ces sept sexagénaires exagèrent !

(répéter dix fois le plus vite possible)

[SE] [ZE]

Je hais les oeufs et j'ai les yeux chassieux.

(répéter dix fois)

[SI] [SITE] [CHTI]

Cite six sites ch'tis!

(répéter dix fois)

[SI] [SOU]

Six sous / Souci / Sushi

(répéter dix fois le plus vite possible)

[SPEC] [SEPT] [XECRE]

J'exècre ces sept spectres.

(répéter dix fois)

[TAN] [TON]

Ta tante tond tant tonton que ta tonte attend.

(répéter dix fois le plus vite possible)

[TAN] [TON]

Entends-tu ta tante ?

Attends-tu ta tonte ?

(répéter dix fois le plus vite possible)

[TE] [PE]

Patate, tapas, pâte, tapenade, pâté.

(répéter dix fois)

Tu t'es tapé ton pâté, t'as tâté tes patates, tes pâtes t'ont empâté, ta tapenade t'a épaté.

(retenir et répéter)

Tic a ta tactique,
Tac a ton tic-tac,
Tic pique ton tic-
tac et Tac tacle ta
tactique. Et toc!

(réciter le plus vite possible)

[VOI] [VOU]

Vous voyez-
vous et vous
vouvoyez-vous?
Voyez-vous Lou?
Vous louvoyez,
voyez-vous?

(répéter dix fois)

[YE]

Dans la Nièvre, vous ingurgitiez de la gniole, vous geigniez et étiez gnangnan. Nieriez-vous que vous geigniez et étiez gnangnan ou diagnostiqueriez-vous que cette gniole était de la gnognotte?

(retenir et répéter)

[ZA] [ZE] [ZI] [ZO] [ZU]

Zaza zézaie,
Zazie zozote,
Zaza et Zazie
sont zazous.

(répéter dix fois)

[ZA] [ZE] [ZI] [ZO] [ZU]

Au zénith, zen, Zazie
zigzague au zoo : zéro
zèbre... Zut ! Zazie
zappe. Zélée, Zazie
zone... Zouaves et
Zoulous zézayent !?
Nom de Zeus !

(retenir et répéter)